# Porno
## *für Frauen*

Cambridge Women's Pornography Cooperative

# Porno
## für Frauen
Wovon wir wirklich träumen

Fotografien von Susan Anderson
Aus dem Englischen von Ellen Alpsten

**KNESEBECK**

# Was macht Frauen wirklich heiß?

Wir, die Mitglieder der Cambridge Women's Pornography Cooperative, widmen unser Leben dieser einen Frage.

Auf der Suche nach einer Antwort haben wir Frauen befragt. Land auf, Land ab. Junge Frauen. Alte Frauen. Reiche Frauen. Arme Frauen. Allen stellten wir dieselbe Frage: Was macht Sie wirklich, wirklich an? Mit den Ergebnissen unserer Umfrage zogen wir uns in unser Forschungslabor zurück – entschlossen, das Geheimnis der weiblichen Pornografie in Worte und Bilder zu fassen. Schließlich haben wird einen Porno für Frauen entwickelt, wie die Welt ihn noch nicht gesehen hat. So herausfordernd, so scharf, dass wir unseren Leserinnen nur raten können, einen stillen, abgeschiedenen Ort aufzusuchen, um dieses Buch zu lesen.

# Treten Sie ein in unsere Traumwelt,

liebe Frauen (und lernbegierige Männer): eine Welt, in der sich Kleider wie von selbst falten, wo köstliche Abendessen uns erwarten und es einfach nicht witzig ist, *einen fahren zu lassen*.

Ihre Cambridge Women's Pornography Cooperative

Wie interessant!
Erzähl mir **mehr**
von dir…

Du wirkst gestresst.
Ich koch dir einen Tee, und du kannst mir alles berichten.
## Roibusch oder Kamille?

# Der Grund?

Ich brauche keinen Grund,
um dir Blumen zu schenken!

Ich kann dir leider keine Lösung für dein Problem bieten, aber ich hör dir gern zu.

Deine Haare sehen heute **einfach toll** aus!

Deine Katze ist so süß,
da mache ich gerne ihr Klo
sauber.

Nur **da oben** war ich noch nicht!

Es gibt Bio-Lamm in einer Marinade aus Crème fraîche und Koriander mit einem Rucola-Feigen-Salat als Beilage. Schmeckt dir das?

# So ein Glück!

Heute Nachmittag ist WM-Finale, da finden wir leicht einen Parkplatz, wenn wir nachher zu Ikea fahren.

Ich kaufe die Familienkutsche, und **du** suchst dir einen flotten Flitzer aus.

**Deine** zarten Hände lass ich nicht an dieses Klo.

Natürlich pinkle ich im Sitzen, Schatz.

Nur weil ich verheiratet bin, bedeutet das doch nicht, dass ich mich gehen lasse.

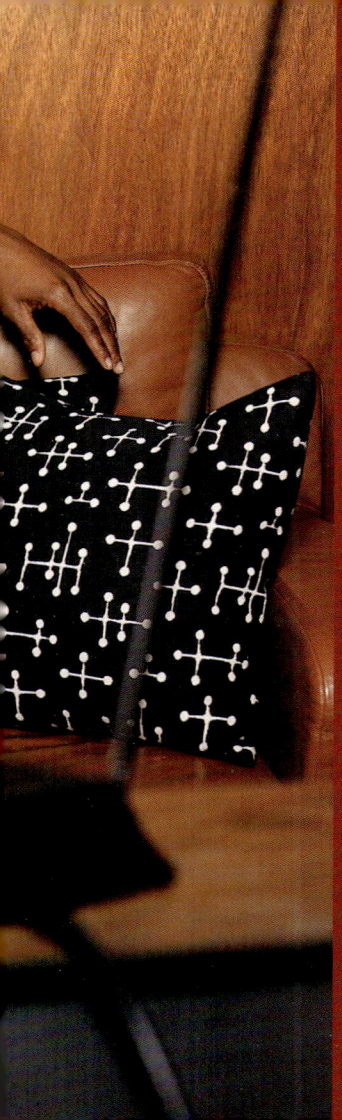

# Komm, setz dich!

Immer Fußball ist doch langweilig. Aber das Finale im Eistanz läuft im anderen Kanal!

Die Rolle ist fast aufgebraucht. Ich lege lieber gleich eine neue ein.

Formel 1 oder königliche Hochzeit? **Du** entscheidest!

Vorspiel. **22.12 Uhr**

# Vorspiel. **22.50 Uhr**

Worin möchtest **du** mich heute sehen?

Zeigst du mir noch mal, **wie du** die T-Shirts faltest?

Iss bitte noch ein Stück Kuchen. Ich finde, **du bist viel zu dünn.**

Das Frühstück steht schon bereit, und dein Kleid ist auch gleich fertig.

Will deine Mutter uns nicht mal wieder besuchen kommen?

# Wenn ich die Wäsche ausgeräumt habe,

gehe ich einkaufen. Ich nehme die Kinder mit, dann hast du ein wenig Ruhe.

Einen Augenblick:
Ich will kurz nach dem Weg fragen.

# Schokolade

kann man nie genug im Haus haben. Zartbitter, Orange oder Chili?

# Zieh' alle an!

Wie kann ich sonst sagen, welche Farbe dir am besten steht?

# Treffen Sie Ihren Traummann!

| | |
|---|---|
| Name: | Adrian Madlener |
| Alter: | 31 |
| Beruf: | Internet-Millionär im Ruhestand, gründet gerade das erste Luxuswaisenhaus der Welt |
| Interessen: | Jazzsaxofon, Massieren |
| Bewundert: | Johnny Depp |

| | |
|---|---|
| Name: | Joe Tyson |
| Alter: | 29 |
| Beruf: | Weltreisender Archäologe |
| Interessen: | Bei Big Brother teilnehmen |
| Liest gerade das Buch: | Wege zu einem harmonischen Leben zu zweit |
| Bewundert: | Mahatma Gandhi |

| | |
|---|---|
| *Name:* | Rich Fonseca |
| *Alter:* | 34 |
| *Beruf:* | Oberarzt in einer Kinderklinik |
| *Interessen:* | Lehrt Bikram-Yoga und Shiatsu-Massage |
| *Bewundert:* | Richard Gere |

*Name:* MICHAEL HERNANDEZ

*Alter:* 27

*Beruf:* ERFOLGREICHER GALERIST

*Interessen:* GOURMETKÜCHE

*Sieht gerade den Film:* DIE WAHRHEIT ÜBER KATZEN UND HUNDE

*Bewundert:* SEINE MUTTER

# Pornometer: Macht Mann Sie an?

Wenn Sie wollen, dass er Ihnen zuhört,
- hört er aufmerksam zu und lässt Sie nicht aus den Augen.
- hört er Ihnen zwei Minuten lang zu und präsentiert Ihnen dann die Lösung Ihres Problems.
- schaut er sich über Ihre Schulter hinweg weiter das Fußballspiel an.

Wenn Sie gestresst nach Hause kommen,
- lässt er eine Badewanne ein, zündet Kerzen an und massiert Ihnen die Füße.
- macht er Ihnen einen heißen Tee und sagt Ihnen schöne Dinge.
- meint er, Sie sollen sich nicht so anstellen, und fragt, was es zum Abendessen gibt.

Wenn Ihnen kalt ist,
- dreht er die Heizung auf, selbst wenn er dann schwitzt.
- holt er Ihnen einen Pullover oder eine Decke.
- fragt er sich, wie Ihnen unter der Fettschicht überhaupt kalt sein kann.

Wann bringt er Ihnen Blumen?
- Oft, und oft ohne Grund.
- Zum Geburtstag, Hochzeitstag oder anderen besonderen Anlässen.
- Wenn Sie ihn mit Ihrer Schwester im Bett erwischt haben.

Wie lange dauert es, bis er Ihren neuen Haarschnitt bemerkt?
- Er sieht die Veränderung sofort.
- Einige Minuten.
- Er sagt: »Deine Stirn ist so hoch. Hast du Haarausfall?«

Wie behandelt er Ihre Katze?
- Er kuschelt mit ihr auf dem Sofa und streichelt sie.
- Er streichelt sie immer nur dann, wenn Sie dabei sind.
- Sie ist für ihn bloß ein Sitzwärmer.

Wenn das Badezimmer geputzt werden muss,
   holt er die Putzsachen raus und legt sofort los.
   fragt er, ob er damit dran ist.
   wirft er Ihnen die Gummihandschuhe zu und sagt: »Tob, dich aus, Baby!«

Wenn er für Sie kocht, gibt es
   Bio-Lamm in einer Marinade aus Crème fraîche und Koriander mit Feigen-Rucola-Salat.
   Extrafeuchten Schokoladenkuchen mit Sahneeis als Nachspeise. Eine teure Flasche Wein.
   Gedimmtes Licht und Kerzenschein.
   Toast Hawaii, Salat und Bier.
   Als essbar ist das nicht zu bezeichnen.

Falls Sie eine Familienkutsche besitzen,
   fährt er diese stolz jeden Tag und gibt mit seinen süßen Kindern an.
   stimmt er murrend zu, wenn Sie ihn darum bitten, damit zu fahren.
   erzählt er allen ledigen Frauen, es sei das Auto seines verheirateten Bruders.

Wenn Ihr Mann auf die Toilette geht,
   pinkelt er im Sitzen.
   hebt er manchmal die Brille hoch, klappt sie danach aber auch wieder herunter.
   hebt er immer die Brille hoch, spritzt alles voll und macht Geräusche
   wie ein Feuerwehrauto im Notfalleinsatz.

Porno-Punkte: a = 3 Punkte
              b = 1 Punkt
              c = –3 Punkte

15–30 Punkte: Kapitän, nimm mich mit auf die Reise!
1–15 Punkte: Geben Sie Ihrem Mann dieses Buch zu lesen. Am besten zweimal.
–30–0 Punkte: Hoffnungsloser Fall. Suchen Sie sich einen neuen Kerl.

# Was macht Sie an?

**A**
Abfalleimer, ausgeleerter 32–33
Archäologen 82–83
Ärzte 84–85

**B**
Blumen 12–13
Bügeln 66–67

**D**
Durchschlafen 50–51

**E**
Einfühlsamkeit 8–9, 40–41, 44–45
Einkaufen 24–25, 46–47, 70–71
Eistanz 40–41
Eltern 68–69
Essen 22–23, 64–65, 74–75, 86–87

**F**
Fernsehen 44–45
Flitzer 26–27
Frühstück 66–67

**G**
Galeristen 86–87
Gepflegt sein 38–39
Geschenke, unerwartete 12–13
Großzügigkeit 26–27, 46–47

**H**
Haushalten 18–23, 28–35, 62–63,
    66–67, 70–71
Haustiere 18–19

**I**
Ikea 24–25
Intelligenz 72–73
Internetmillionäre 80–81

**J**
Jazz 80–81

**K**
Katze 18–19
Kinder, sich kümmern um die 50–51, 70–71
Kleider
    aussuchen 58–59, 76–77
    bügeln 66–67
    falten 62–63

Klopapier, eine neue Rolle 42–43
Kochen 22–23, 86–87
Komplimente 16–17
Kuchen 64–65
Kunst 86–87
Kuscheln 48–49

**L**
Latex 28–29

**M**
Massagen 60–61, 80–81, 84–85
Mutter 68–69

**N**
Natur 68–69

**R**
Reinlichkeit 18–21, 28–35
Rosenblätter, verstreute 52–53
Rücksichtnahme 10–11, 36–37, 42–43, 70–71

**S**
Schokolade 74–75
Schuhe 46–47
Sprechen 6–9, 14–15
Staubsaugen 34–35
Staubwischen 20–21
Süßigkeiten 64–65, 74–75

**T**
Tee 8–9
Toilette, eine saubere 30–31, 36–37

**V**
Väter 50–51, 70–71
Vorspiel 52–57

**W**
Wärme 10–11
Wäsche, saubere 70–71

**Y**
Yoga 84–85

**Z**
Zuhörer, ein guter 6–9, 14–15

**Wie können Sie zu einer Welt beitragen,
in der Pornografie für Frauen ihren Platz hat?**

Zeigen Sie dieses Buch einer Freundin, Ihrer Schwester oder einem Mann, der bereit dazu ist, aufgeklärt zu werden.

Erzählen Sie ihnen, was Sie wirklich anmacht. Vielleicht hören wir davon, und es erscheint in unserer nächsten Ausgabe. Und vielleicht verschicken wir diese dann in einem braunen Schutzumschlag. Denn schließlich ist dies alles von explosivem Inhalt!

Die Cambridge Women's Pornography Cooperative

Bibliografische Information Der Deutschen Nationalbibliothek
Die Deutsche Nationalbibliothek verzeichnet diese Publikation in der Deutschen
Nationalbibliografie; detaillierte bibliografische Daten sind im Internet
unter http://dnb.d-nb.de abrufbar.

Titel der Originalausgabe: *Porn for Women*
Erschienen bei Chronicle Books, San Francisco 2007
Copyright Text © 2007 Urgent Haircut Productions
Copyright Fotografien © 2007 Susan Anderson

Fotoassistenten: Joe Budd und Brian Slaughter
Styling: Micah Bishop, Artist Untied
Haarstyling: Travis Michael Jennings und Stacey Miller
Models: Rich Fonseca, Michael Hernandez, Adrian Madlener und Joe Tyson,
alle bei der Look Model Agency

Die Fotografin dankt ihrer Agentin Deborah Ayerst für die Chance, dieses Buch
zu machen, Scott Idleman dafür, dass er freundlicherweise sein Haus zur Verfügung
gestellt hat, Micah Bishop von Artist Untied, Al von Look Models für die schönen
und humorvollen Männer, Joe Budd und Brian Slaughter für die Mitarbeit, Jodie Davis
und Kate Prouty von Chronicle Books für ihre Ideen und ihren guten Geschmack
und den Männern der Welt dafür, dass sie uns Frauen inspirieren.

Deutsche Erstausgabe
Copyright © 2008 von dem Knesebeck GmbH & Co. Verlags KG, München
Ein Unternehmen der La Martinière Groupe

Umschlaggestaltung: Venus Design, München
Satz: satz & repro Grieb, München
Druck: EBS, Verona
Printed in Italy

ISBN 978-3-89660-518-4

Alle Rechte, insbesondere das Recht der Vervielfältigung und Verbreitung,
vorbehalten. Kein Teil des Werkes darf in irgendeiner Form (durch Fotokopie,
Mikrofilm oder ein anderes Verfahren) ohne schriftliche Genehmigung des
Verlages reproduziert oder unter Verwendung elektronischer Systeme verarbeitet,
vervielfältigt oder verbreitet werden.

www.knesebeck-verlag.de